Impressum
Verlag: BABADADA GmbH, Nedderfeld 112 , 22529 Hamburg
Geschäftsführer / Verlagsleitung: Harald Hof
Druck: Books on Demand GmbH, In de Tarpen 42, 22848 Norderstedt

Imprint
Publisher: BABADADA GmbH, Nedderfeld 112 , 22529 Hamburg, Germany
Managing Director / Publishing direction: Harald Hof
Print: Books on Demand GmbH, In de Tarpen 42, 22848 Norderstedt, Germany

школа

skola

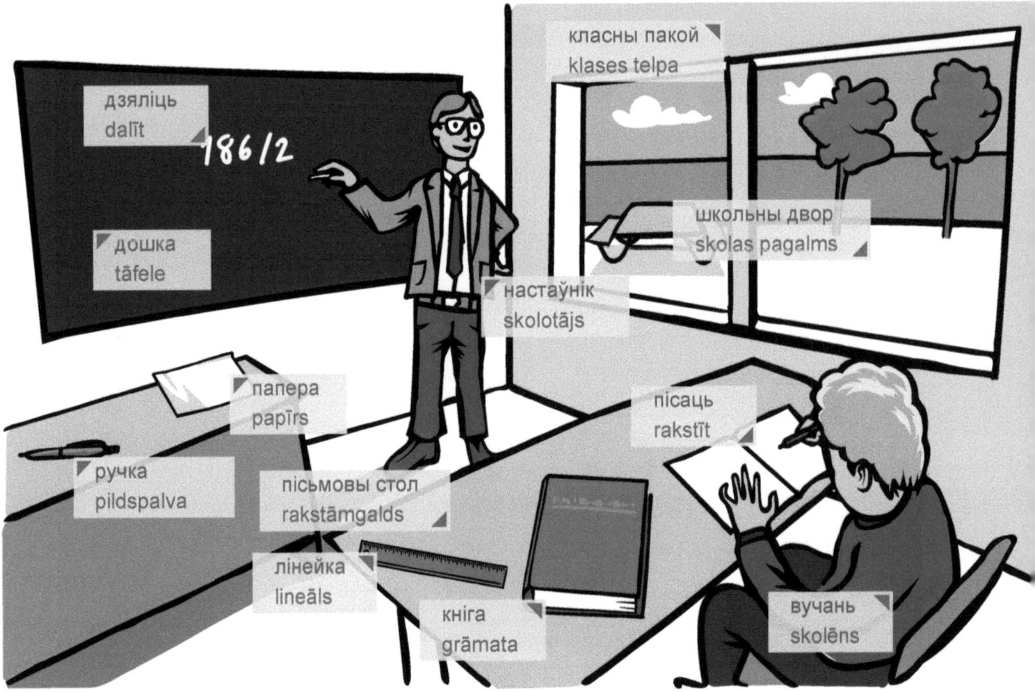
класны пакой
klases telpa
дзяліць
dalīt
186/2
дошка
tāfele
школьны двор
skolas pagalms
настаўнік
skolotājs
папера
papīrs
пісаць
rakstīt
ручка
pildspalva
пісьмовы стол
rakstāmgalds
лінейка
lineāls
кніга
grāmata
вучань
skolēns

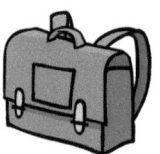

ранец

skolas soma

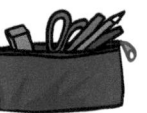

пенал

penālis

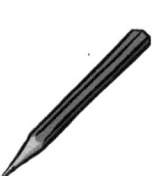

просты аловак

zīmulis

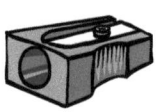

тачылка для алоўкаў

zīmuļu asināmais

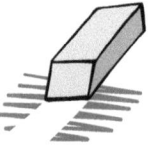

гумка

dzēšgumija

альбом для малявання

zīmēšanas bloks

малюнак

zīmējums

пэндзлік

ota

фарбы

krāsas

нажніцы

šķēres

клей

līme

сшытак

darba burtnīca

хатняе заданне

mājas darbs

12

лік

skaitlis

2+2

дадаваць

saskaitīt

5-2

адымаць

atņemt

2×2

множыць

reizināt

лічыць

rēķināt

A

літара

burts

ABCDEFG HIJKLMN OPQRSTU VWXYZ

алфавіт

alfabēts

hello

слова

vārds

тэкст

teksts

чытаць

lasīt

крэйда

krīts

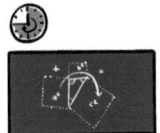

ўрок

mācību stunda

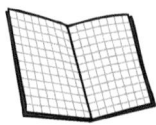

класны журнал

žurnāls

экзамен

eksāmens

атэстат

liecība

школьная форма

skolas forma

адукацыя

izglītība

энцыклапедыя

enciklopēdija

універсітэт

universitāte

мікраскоп

mikroskops

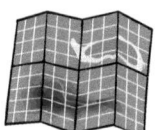

карта

karte

смеццевы кошык

papīrgrozs

падарожжа
ceļojums

Grand
гатэль
viesnīca
хостэл
hostelis
ROOMS
EXCHANGE
абменны пункт
valūtas maiņas punkts
чамадан
čemodāns
аўтамабіль
automašīna

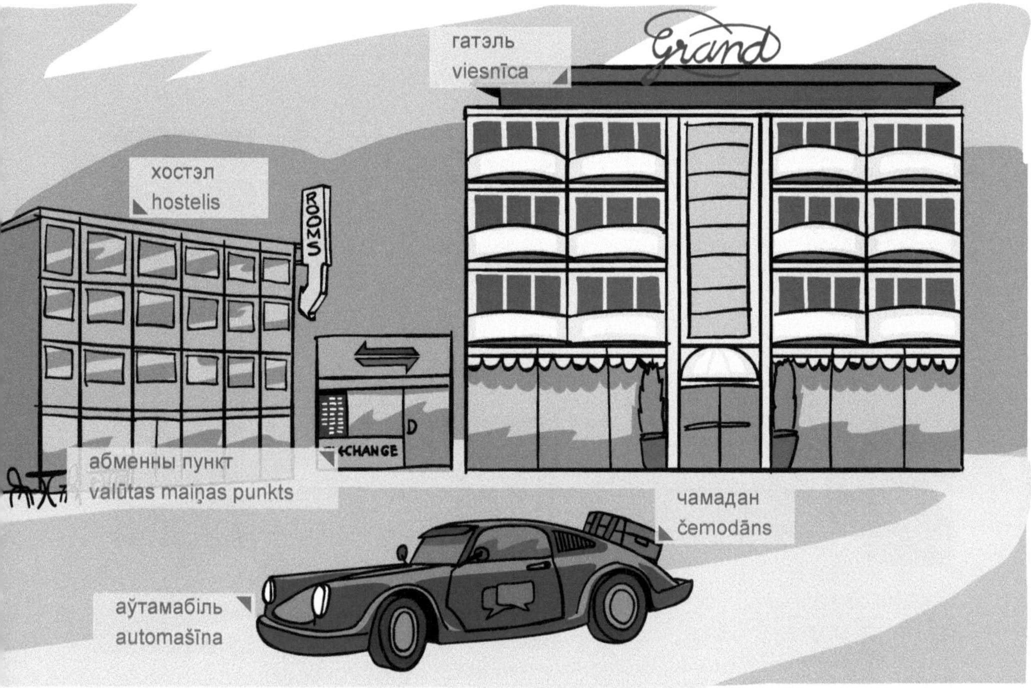

мова

Valoda

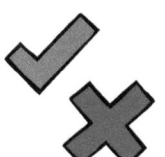

так / не

jā / nē

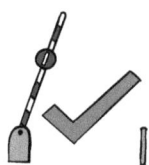

добра

Okay

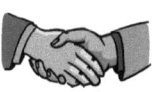

прывітанне!

Sveiki!

перакладчык

tulks

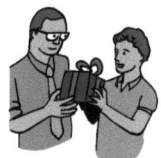

дзякуй

paldies

Колькі каштуе....?

Cik maksā...?

я не разумею

Es nesaprotu

праблема

problēma

Добры вечар!

Labvakar!

Добрай раніцы!

Labrīt!

Дабранач!

Ar labu nakti!

да пабачэння

Uz redzēšanos

кірунак

virziens

багаж

bagāža

сумка

soma

заплечнік

mugursoma

госць

viesis

пакой

istaba

спальны мяшок

guļammaiss

палатка

telts

інфармацыя для турыстаў

tūrisma informācija

пляж

pludmale

крэдытная картка

kredītkarte

снеданне

brokastis

абед

pusdienas

вячэра

vakariņas

праязны білет

biļete

ліфт

lifts

паштовая марка

pastmarka

мяжа

robeža

мытня

muita

пасольства

vēstniecība

віза

vīza

пашпарт

pase

транспарт
transports

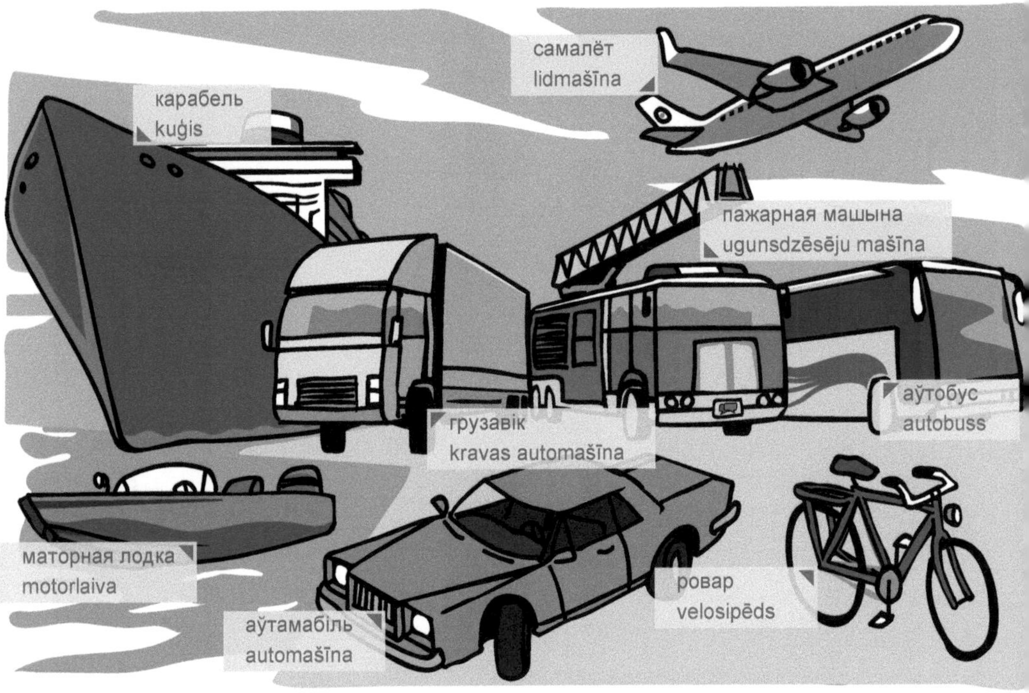
самалёт
lidmašīna
карабель
kuģis
пажарная машына
ugunsdzēsēju mašīna
аўтобус
autobuss
грузавік
kravas automašīna
маторная лодка
motorlaiva
ровар
velosipēds
аўтамабіль
automašīna

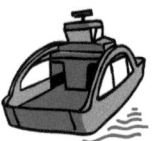

паром

prāmis

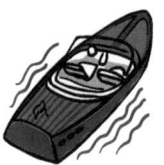

лодка

laiva

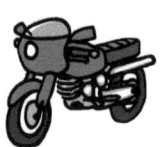

матацыкл

motocikls

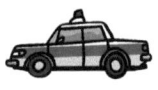

паліцэйская машына

policijas automašīna

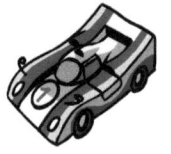

гоначны аўтамабіль

sacīkšu automobilis

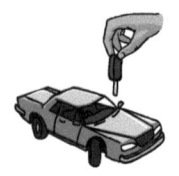

арэндаваны аўтамабіль

nomas auto

сумеснае карыстанне аўтамабілем

auto koplietošana

эвакуатар

evakuators

смеццявоз

atkritumu mašīna

матор

dzinējs

паліва

benzīns

запраўка

degvielas uzpildes stacija

дарожны знак

ceļa zīme

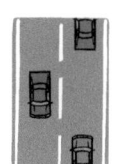

дарожны рух

satiksme

затор

sastrēgums

паркоўка

stāvvieta

чыгуначная станцыя

dzelzceļa stacija

рэйкі

sliedes

цягнік

vilciens

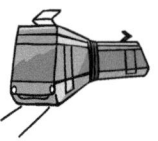

трамвай

tramvajs

вагон

vagons

верталёт

helikopters

аэрапорт

lidosta

вежа

tornis

пасажыр

pasažieris

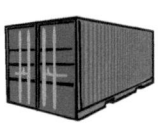

кантэйнер

konteiners

кардонная скрыня

kaste

тачка

ratiņi

карзіна

grozs

ўзлятаць / прызямляцца

pacelties / nosēsties

горад

pilsēta

вёска

ciems

цэнтр горада

pilsētas centrs

дом

māja

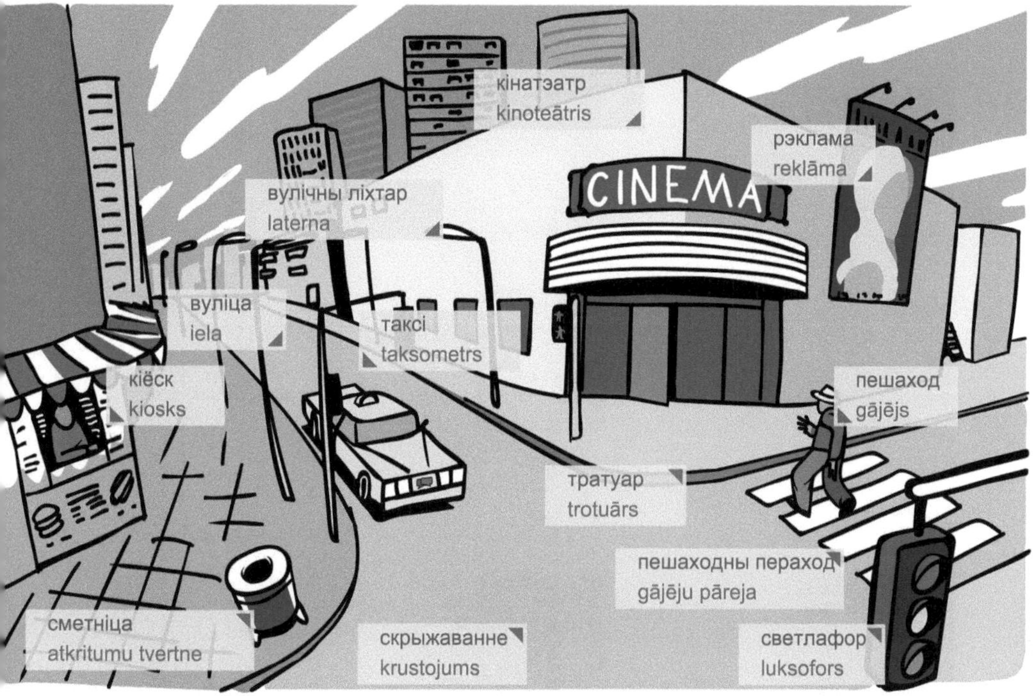

кінатэатр
kinoteātris

рэклама
reklāma

вулічны ліхтар
laterna

вуліца
iela

таксі
taksometrs

кіёск
kiosks

CINEMA

пешаход
gājējs

тратуар
trotuārs

пешаходны пераход
gājēju pāreja

сметніца
atkritumu tvertne

скрыжаванне
krustojums

светлафор
luksofors

халупа
....
būda

кватэра
....
dzīvoklis

чыгуначная станцыя
....
dzelzceļa stacija

ратуша
....
rātsnams

музей
....
muzejs

школа
....
skola

універсітэт

universitāte

банк

banka

шпіталь

slimnīca

гатэль

viesnīca

аптэка

aptieka

офіс

birojs

кнігарня

grāmatnīca

крама

veikals

кветкавая крама

ziedu veikals

супермаркет

lielveikals

кірмаш

tirgus

універмаг

tirdzniecības centrs

рыбная крама

zivju tirgotājs

гандлевы цэнтр

tirdzniecības centrs

порт

osta

парк
parks

лава
sols

мост
tilts

лесвіца
kāpnes

метро
metro

тунэль
tunelis

прыпынак
autobusa pieturvieta

бар
bārs

рэстаран
restorāns

паштовая скрыня
pastkastīte

вулічны паказальнік
ielas nosaukuma plāksne

паркамат
stāvlaika skaitītājs

заапарк
zooloģiskais dārzs

басейн
peldbaseins

мячэць
mošeja

сядзіба

zemnieku saimniecība

забруджванне
навакольнага асяроддзя

vides piesārņojums

могілкі

kapsēta

царква

baznīca

пляцоўка для гульні

spēļu laukums

храм

templis

краявід

ainava

ліст
lapa

паказальнік
ceļrādis

дарога
ceļš

луг
pļava

камень
akmens

дрэва
koks

падарожнік
ceļotājs

рака
upe

трава
zāle

кветка
puķe

даліна
ieleja

гара
kalns

возера
ezers

лес
mežs

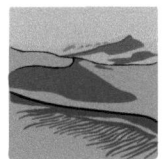

пустыня
tuksnesis

вулкан
vulkāns

замак
pils

вясёлка
varavīksne

грыб
sēne

пальма
palma

камар
moskīts

муха
muša

мурашка
skudra

пчала
bite

павук
zirneklis

жук
vabole

жаба
varde

вавёрка
vāvere

вожык
ezis

заяц
zaķis

сава
pūce

птушка
putns

лебедзь
gulbis

дзік
meža cūka

алень
briedis

лось
alnis

плаціна
aizsprosts

вятрак
vēja ģenerators

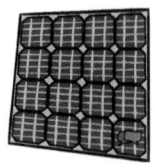

сонечная батарэя
saules baterija

клімат
klimats

рэстаран
restorāns

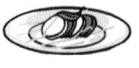

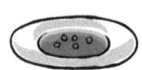

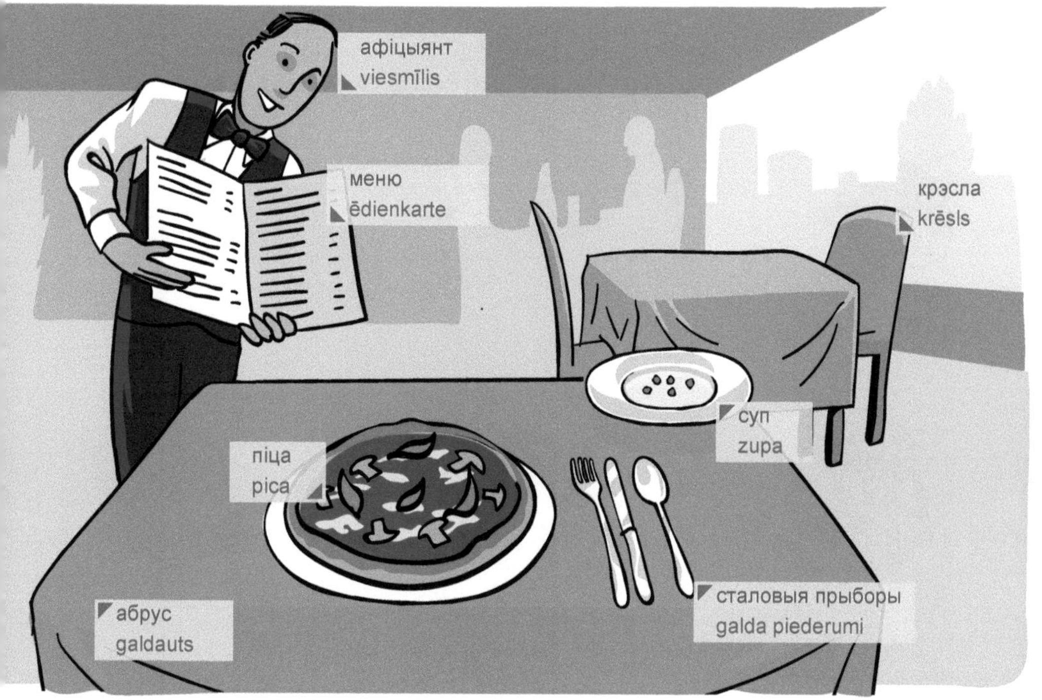
афіцыянт
viesmīlis
меню
ēdienkarte
крэсла
krēsls
суп
zupa
піца
pica
абрус
galdauts
сталовыя прыборы
galda piederumi

закуска

uzkoda

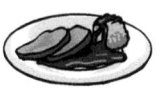

другая страва

pamatēdiens

дэсерт

deserts

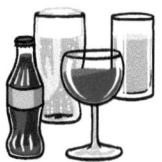

напоі

dzērieni

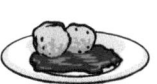

ежа

ēdiens

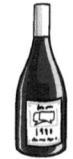

бутэлька

pudele

хуткае харчаванне (фаст-
фуд)
ātrās uzkodas

стрыт-фуд
ielu uzkodas

імбрык (чайнік)
tējkanna

цукарніца
cukurtrauks

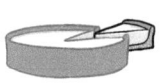

порцыя
porcija

эспрэса-машына
espresso kafijas automāts

дзіцячае крэселка
bāra krēsls

рахунак
rēķins

паднос
paplāte

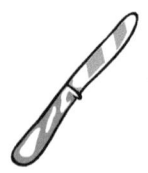

нож
nazis

відэлец
dakša

лыжка
karote

чайная лыжка
tējkarote

сурвэтка
salvete

шклянка
glāze

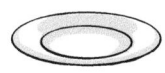

талерка

škīvis

супавая талерка

zupas šķīvis

сподак

apakštase

соус

mērce

сальніца

sāls trauciņš

млынок для перцу

piparu dzirnaviņas

воцат

etiķis

алей

eļļa

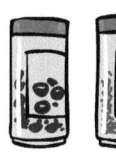

спецыі

garšvielas

кетчуп

kečups

гарчыца

sinepes

маянэз

majonēze

супермаркет

lielveikals

акцыя
piedāvājums
FOR
пакупнік
klients
малочныя прадукты
piena produkti
садавіна
augļi
вазок
iepirkumu ratiņi

BUTCHERS

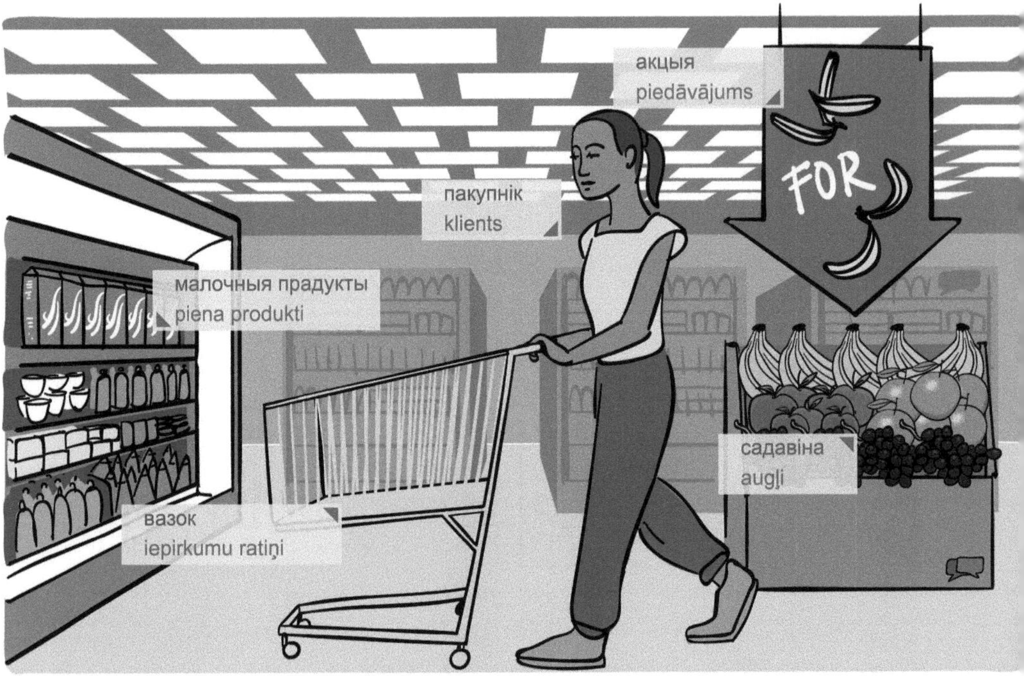

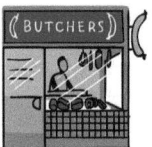

мясная крама

kautuve

BAKERY

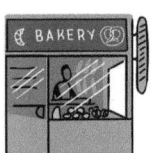

хлебны магазін

maizes veikals

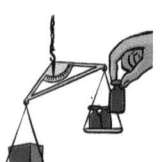

важыць

svērt

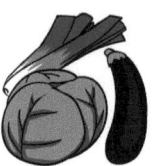

гароднiна

dārzeņi

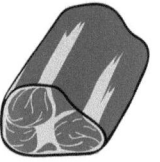

мяса

gaļa

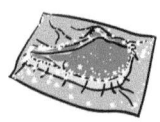

свежазамарожаныя прадукты

saldēti produkti

нарэзка

aukstās gaļas uzkodas

кансервы

konservi

пральны парашок

pulveris

прысмакі

saldumi

хатнія прылады

mājsaimniecības preces

чысцячы сродак

tīrīšanas līdzeklis

прадавец

pārdevēja

каса

kase

касір

kasieris

спіс пакупак

iepirkumu saraksts

гадзіны працы

darba laiks

бумажнік

maks

крэдытная картка

kredītkarte

сумка

soma

пакет

maisiņš

вада

ūdens

сок

sula

малако

piens

кола

kola

віно

vīns

піва

alus

алкаголь

alkohols

какава

kakao

гарбата (чай)

tēja

кава

kafija

эспрэса

espresso

капучына

kapučīno

банан

banāns

яблык

ābols

апельсін

apelsīns

дыня

melone

лімон

citrons

морква

burkāns

часнок

ķiploks

бамбук

bambuss

цыбуля

sīpols

грыб

sēne

арэхі

rieksti

локшына

makaroni

спагеці

spageti

рыс

rīsi

салата

salāti

бульба фры

frī kartupeļi

смажаная бульба

cepti kartupeļi

піца

pica

гамбургер

hamburgers

бутэрброд

sviestmaize

шніцаль

šnicele

вяндліна

šķiņķis

салямі

salami

каўбаса

desa

курыца

vista

смажаніна

cepetis

рыбак

zivs

аўсяныя камякі

auzu pārslas

мюслі

muslis

кукурузныя шматкі

brokastu pārslas

мука

milti

круасан

radziņš

булачка

brokastu maizītes

хлеб

maize

тост

tostermaize

пячэнне

cepumi

масла

sviests

тварог

biezpiens

пірог

kūka

яйка

ola

яечня

cepta ola

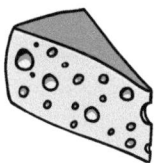

сыр

siers

марожанае

saldējums

цукар

cukurs

мёд

medus

варэнне

marmelāde

нуга

riekstu krēms

кары

karijs

сядзіба

zemnieku saimniecība

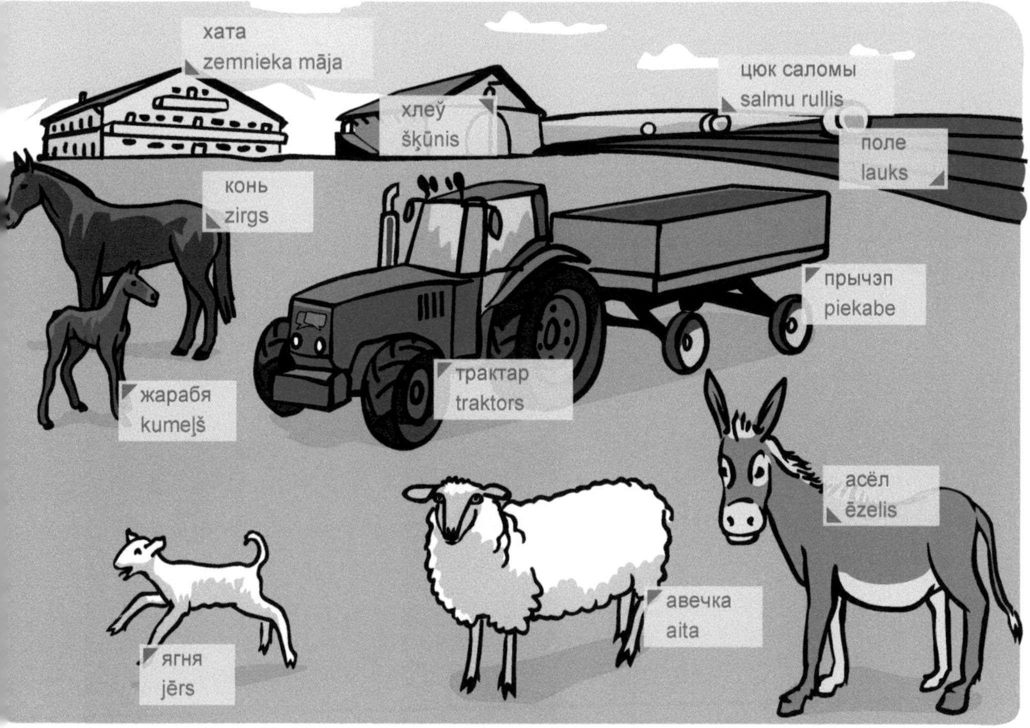

хата
zemnieka māja
хлеў
šķūnis
цюк саломы
salmu rullis
поле
lauks
конь
zirgs
прычэп
piekabe
трактар
traktors
жарабя
kumeļš
асёл
ēzelis
авечка
aita
ягня
jērs

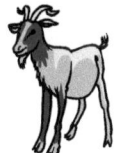

каза
kaza

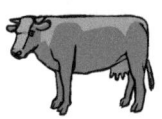

карова
govs

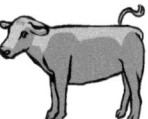

цяля
teļš

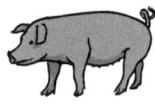

свіння
cūka

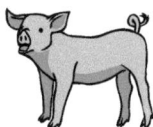

парася
sivēns

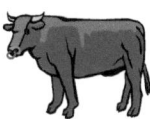

бык
bullis

гусак

zoss

качка

pīle

кураня

cālis

курыца

vista

певень

gailis

пацук

žurka

кот

kaķis

мыш

pele

вол

vērsis

сабака

suns

сабачая будка

suņa būda

садовы шланг

dārza šļūtene

палівачка

lejkanna

каса

izkapts

плуг

arkls

серп

sirpis

матыка

kaplis

вілы для гною

mēslu dakša

сякера

cirvis

тачка

ķerra

карыта

sile

бітон для малака

piena kanna

мех

maiss

плот

žogs

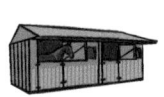

хлеў

kūts

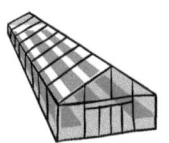

цяпліца

siltumnīca

глеба

augsne

насенне

sēklas

угнаенне

mēslojums

камбайн

kombains

збіраць ураджай

novākt ražu

ураджай

raža

ямс

jamss

пшаніца

kvieši

соя

soja

бульба

kartupelis

кукуруза

kukurūza

рапс

rapsis

садовае дрэва

augļu koks

маніёк

manioka

збожжа

labība

дом
māja

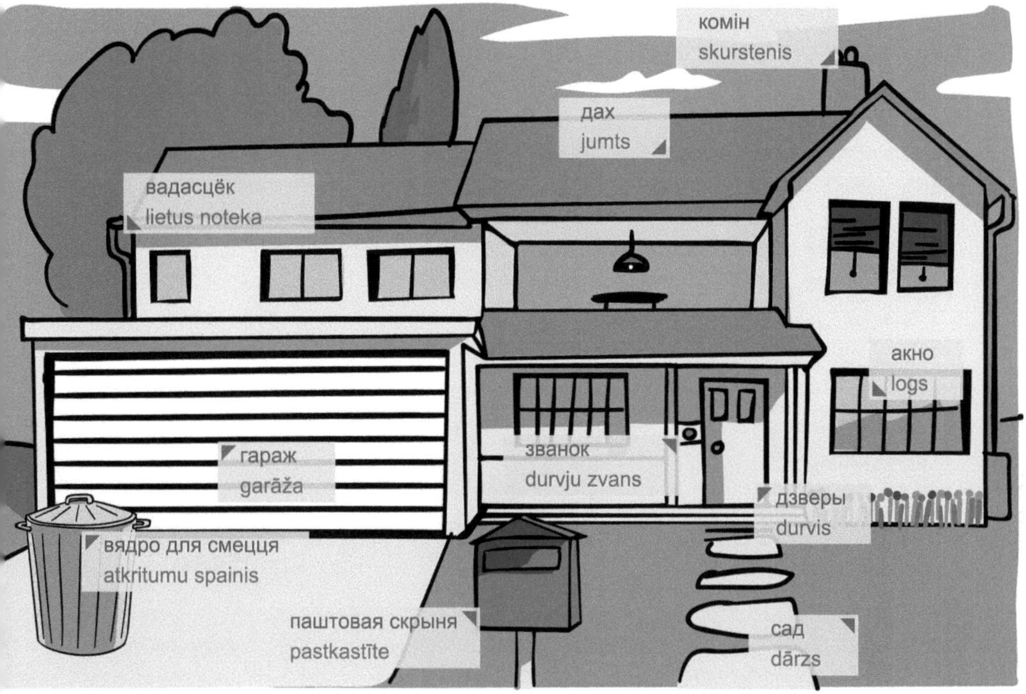

комін
skurstenis
дах
jumts
вадасцёк
lietus noteka
акно
logs
гараж
garāža
званок
durvju zvans
дзверы
durvis
вядро для смецця
atkritumu spainis
паштовая скрыня
pastkastīte
сад
dārzs

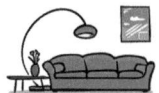

жылы пакой

viesistaba

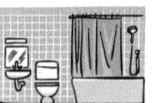

ванная

vannas istaba

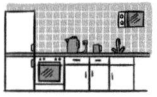

кухня

virtuve

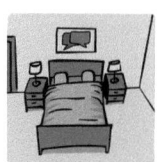

спальны пакой

guļamistaba

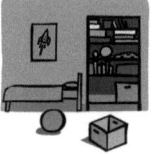

дзіцячы пакой

bērnu istaba

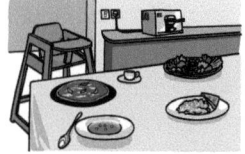

сталоўка

ēdamistaba

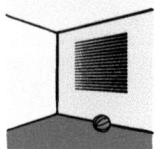

падлога

grīda

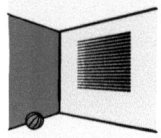

сцяна

siena

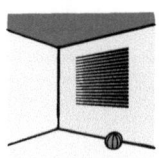

столь

griesti

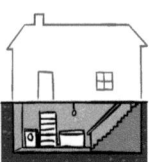

падвал

pagrabs

саўна

sauna

балкон

balkons

тэраса

terase

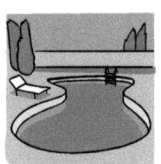

басейн

baseins

касілка

zāles pļāvējs

падкоўдранік

gultas veļa

коўдра

sega

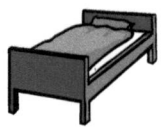

ложак

gulta

венік

slota

вядро

spainis

выключальнік

slēdzis

жылы пакой

viesistaba

шпалеры
tapetes
малюнак
attēls
лямпа
lampa
паліца
plaukts
шафа
skapis
тэлевізар
televizors
камін
kamīns
кветка
puķe
падушка
spilvens
канапа
dīvāns
ваза
vāze
пульт
tālvadības pults

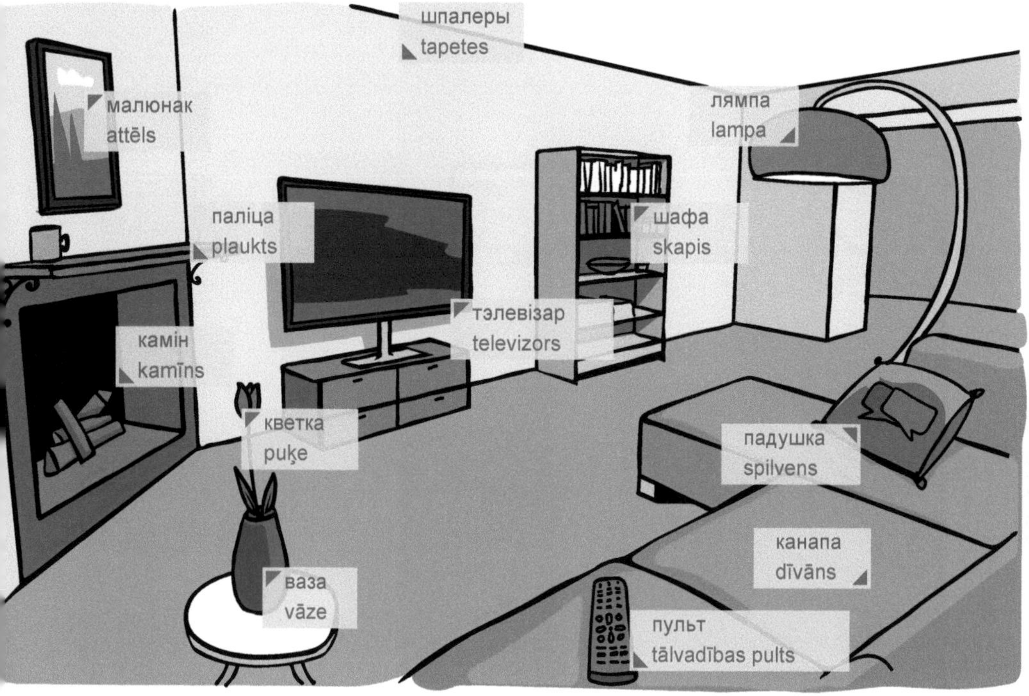

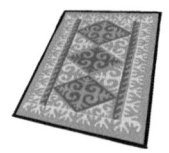

дыван

paklājs

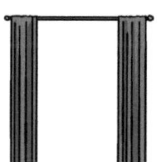

фіранка

aizkars

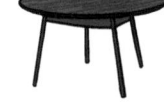

стол

galds

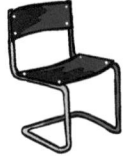

крэсла

krēsls

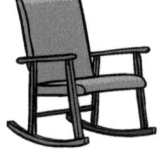

крэсла-качалка

šūpuļkrēsls

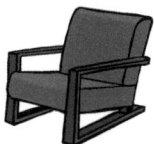

крэсла

atpūtas krēsls

кніга

grāmata

коўдра

sega

дэкарацыя

dekorācija

дровы

malka

кіно

filma

стэрэасістэма

mūzikas centrs

ключ

atslēga

газета

avīze

карціна

glezna

постар

plakāts

радыё

radio

нататнік

pierakstu blociņš

пыласос

putekļu sūcējs

кактус

kaktuss

свечка

svece

кухня
virtuve

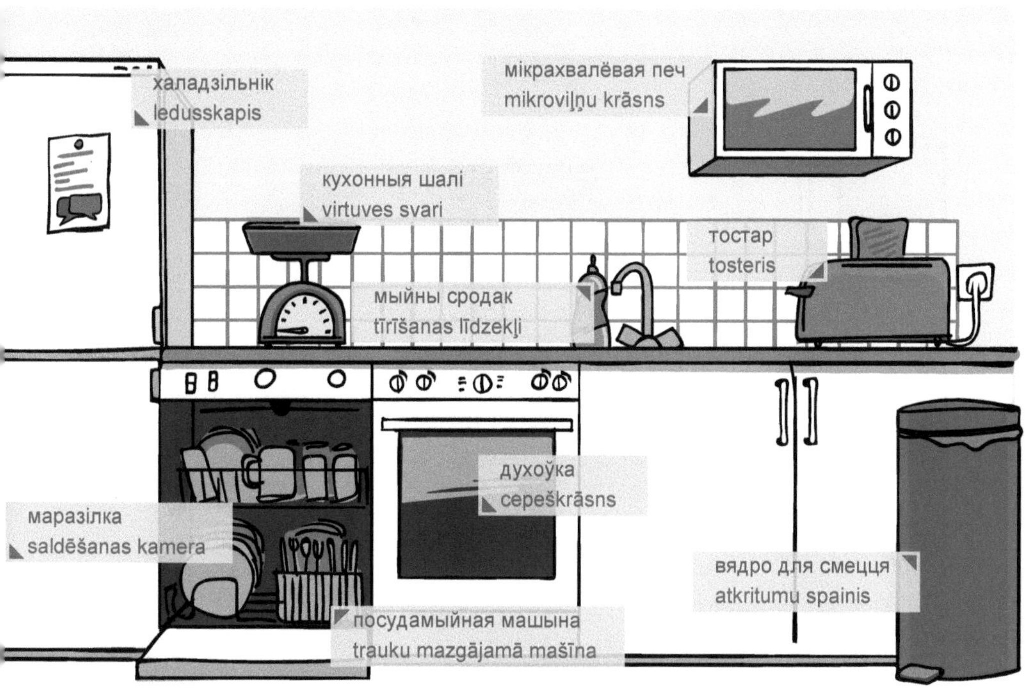

халадзільнік
ledusskapis
мікрахвалёвая печ
mikroviļņu krāsns
кухонныя шалі
virtuves svari
тостар
tosteris
мыйны сродак
tīrīšanas līdzekļi
духоўка
cepeškrāsns
маразілка
saldēšanas kamera
вядро для смецця
atkritumu spainis
посудамыйная машына
trauku mazgājamā mašīna

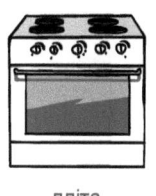

пліта
....
plīts

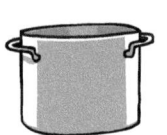

рондаль
....
pods

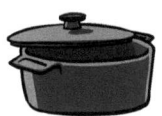

чыгунок
....
katls

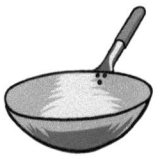

Вок / кадаі
....
Wok panna

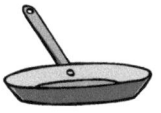

патэльня
....
panna

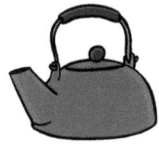

чайнік
....
elektriskā tējkanna

параварка

tvaika katls

бляха

cepešpanna

посуд

trauki

кубак

krūze

міска

bļoda

палачкі для ежы

irbulīši

чарпак

kauss

лапатачка

lāpstiņa

збівалка

putošanas slotiņa

сіта для варэння

sietiņš

сіта

siets

тарка

rīve

ступка

piesta

грыль

grilēt

вогнішча

atklāts pavards

дошка
дēlis

качалка
mīklas rullis

штопар
korķu vilķis

бляшанка
bundža

адкрывалка
konservu nazis

прыхваткі
virtuves cimdi

ракавіна
izlietne

шчотка
birste

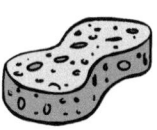

губка
sūklis

міксер
mikseris

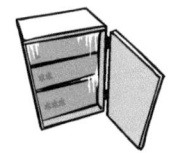

маразільная камера
saldētava

бутэлечка
bērna pudelīte

вадаправодны кран
ūdenskrāns

кухня - virtuve

ванная

vannas istaba

душ
duša
ручніковы сушыцель
apkure
ручнік
dvielis
штора для душа
dušas aizkari
пенная ванна
vannas putas
ванна
vanna
шклянка
glāze
мыйная машына
veļas mašīna
вадаправодны кран
ūdenskrāns
плітка
flīzes
начны гаршчок
podiņš
ракавіна
izlietne

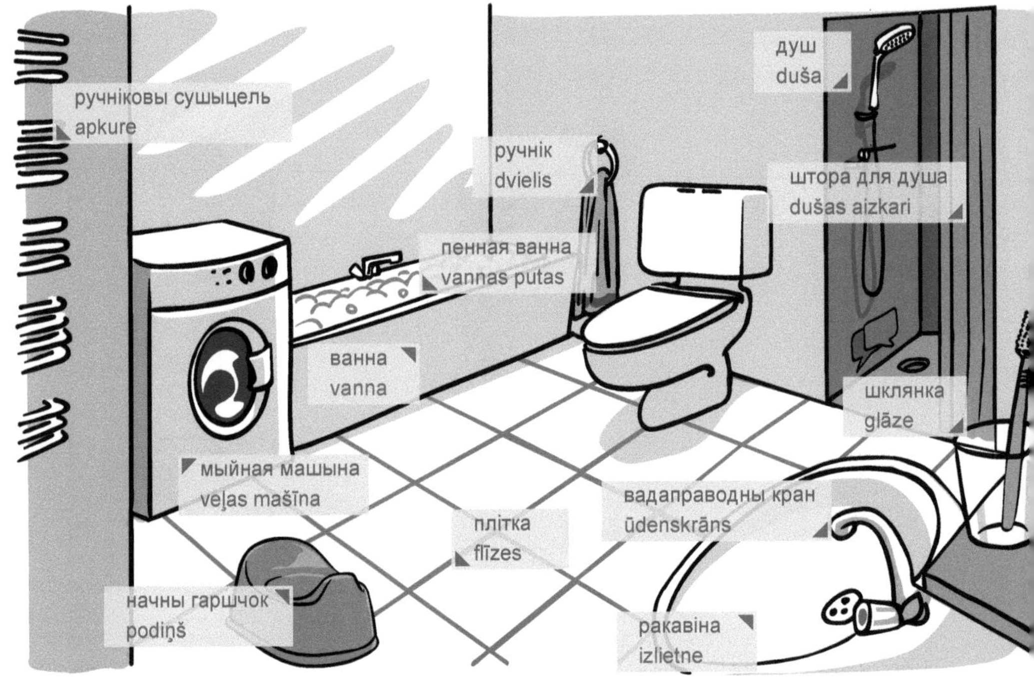

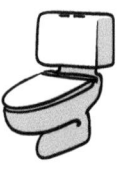

туалет

tualetes pods

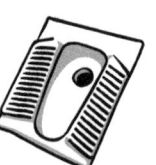

падлогавы ўнітаз

Āzijas tipa tualete

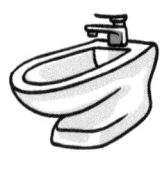

бідэ

bidē

пісуар

pisuārs

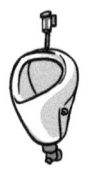

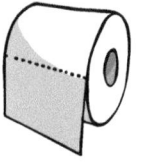

туалетная папера

tualetes papīs

шчотка для чысткі ўнітаза

tualetes birste

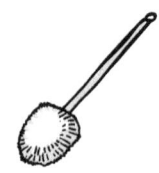

зубная шчотка

zobu birste

зубная паста

zobu pasta

зубная нітка

zobu diegs

мыць

mazgāt

ручны душ

rokas duša

інтымны душ

duša

умывальнік

bļoda

шчотка для спіны

muguras mazgāšanas birste

мыла

ziepes

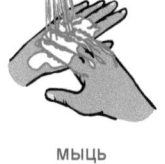

гель для душа

dušas želeja

шампунь

šampūns

вяхотка

mazgāšanas drāna

вадасцёк

noteka

крэм

krēms

дэзадарант

dezodorants

люстэрка

spogulis

касметычнае люстэрка

spogulītis

станок для галення

skuveklis

пена для галення

skūšanās putas

ласьён пасля галення

losjons pēc skūšanās

грэбень

ķemme

шчотка

matu suka

фен

matu fēns

лак для валасоў

matu laka

касметыка

grima komplekts

памада

lūpu krāsa

лак для пазногцяў

nagulaka

вата

vate

манікюрныя нажніцы

šķērītes

духі

smaržas

касметычка

kosmētikas maks

табурэтка

ķeblītis

ваги

svari

лазневы халат

halāts

санітарныя пальчаткі

tīrīšanas cimdi

тампон

tampons

гігіенічныя пракладкі

pakete

біятуалет

ķīmiskā tualete

дзіцячы пакой

bērnu istaba

будзільнік
modinātājs
мяккая цацка
mīkstā rotaļlieta
цацачная машынка
spēļu automašīna
бразготка
grabulis
лялечны домік
leļļu māja
падарунак
dāvana

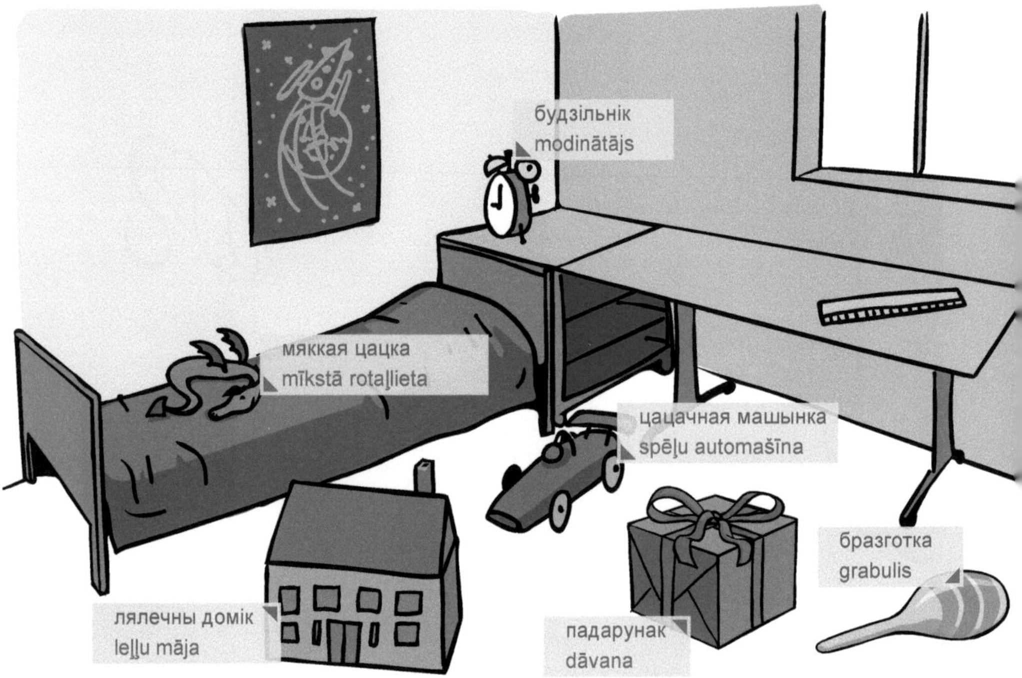

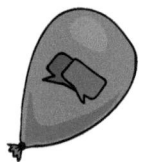

надзіманы шарык

balons

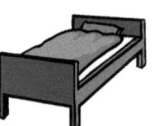

ложак

gulta

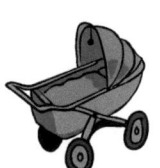

дзіцячая каляска

bērnu ratiņi

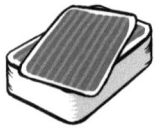

калода картаў

kārtis

пазл

puzle

SUPER
MEGA

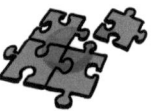

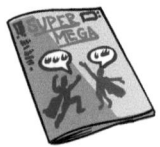

комікс

komikss

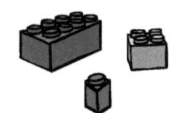

канструктар "Лега"

LEGO klucīši

канструктар

klucīši

экшэн-фігурка

varoņu figūra

дзіцячы гарнітур

rāpulītis

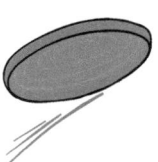

фрызбі

lidojošais šķīvītis

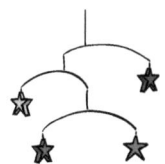

дзіцячы мабіль

muzikālais karuselis

настольная гульня

galda spēle

кубік

metamais kauliņš

дзіцячая чыгунка

rotaļu dzelzceļš

пустышка

māneklis

дзіцячае свята

ballīte

кніга з малюнкамі

bilžu grāmata

мячык

bumba

лялька

lelle

гуляцца

spēlēt

пясочніца

smilšu kaste

арэлі

šūpoles

цацкі

rotaļlietas

гульнявая відэа прыстаўка

spēļu konsole

трохколавы ровар

trīsritenis

плюшавы мішка

plīša lācītis

шафа

drēbju skapis

адзенне
apģērbs

шкарпэткі

īszeķes

панчохі

zeķes

калготкі

zeķbikses

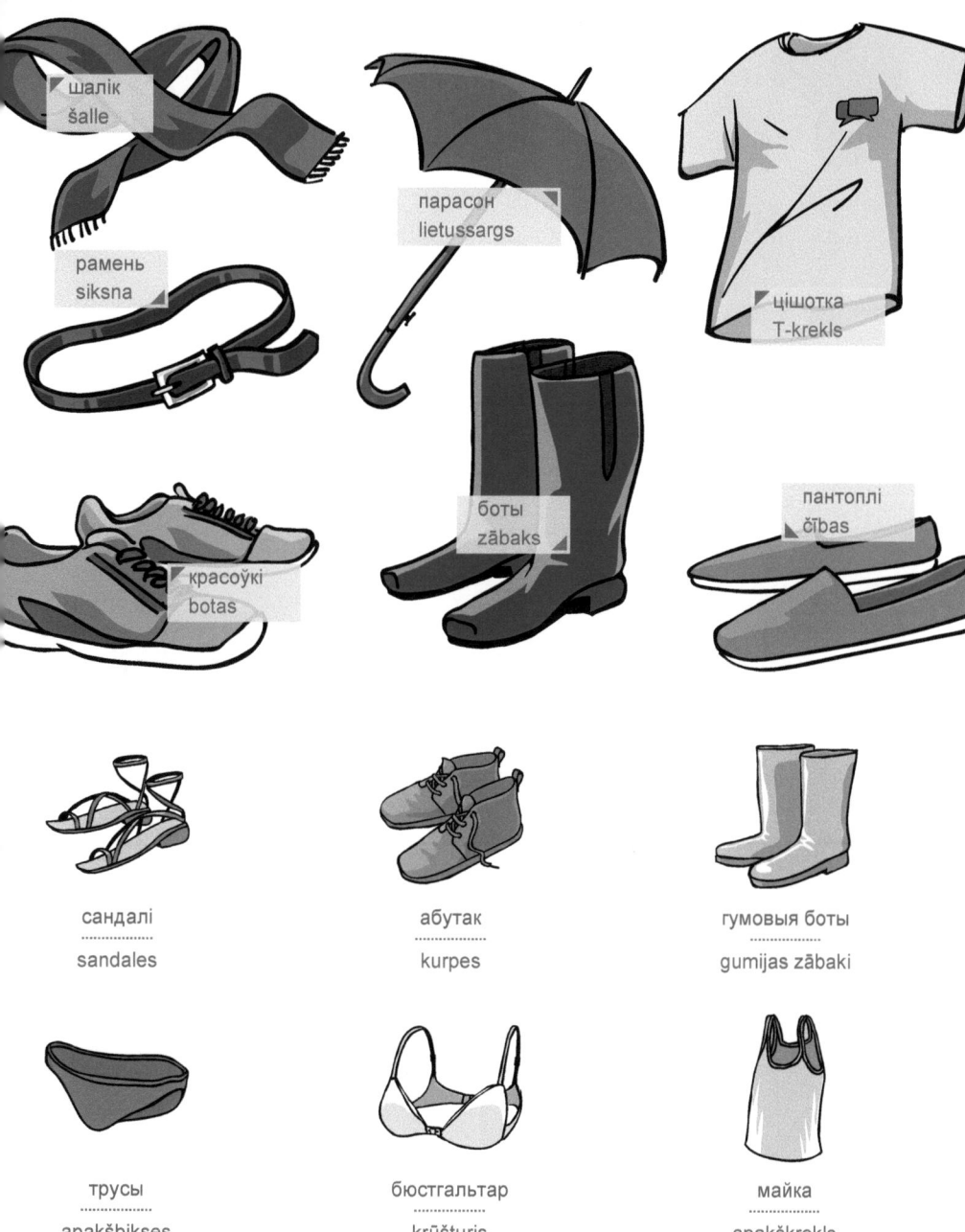

шалік
šalle

парасон
lietussargs

цішотка
T-krekls

рамень
siksna

боты
zābaks

пантоплі
čības

красоўкі
botas

сандалі
....
sandales

абутак
....
kurpes

гумовыя боты
....
gumijas zābaki

трусы
....
apakšbikses

бюстгальтар
....
krūšturis

майка
....
apakškrekls

бодзі
bodijs

штаны
bikses

джынсы
džinsi

спадніца
svārki

блузка
blūze

кашуля
krekls

джэмпер
pulovers

талстоўка
džemperis

блэйзер
žakete

куртка
jaka

паліто
mētelis

дажджавік
lietus mētelis

касцюм
kostīms

сукенка
kleita

вясельная сукенка
kāzu kleita

касцюм

uzvalks

начная сарочка

naktskrekls

піжама

pidžama

сары

sari

хустка

lakats

цюрбан

turbāns

паранджа

burka

каптан

kaftāns

Абая

abaja

купальнік

peldkostīms

плаўкі

peldbikses

шорты

šorti

спартыўны касцюм

treniņtērps

фартух

priekšauts

пальчаткі

cimdi

гузік
....
poga

акуляры
....
brilles

бранзалет
....
rokassprādze

каралі
....
kaklarota

кальцо
....
gredzens

завушніца
....
auskars

кепка
....
cepure

вешалка
....
drēbju pakaramais

капялюш
....
platmale

гальштук
....
kaklasaite

маланка
....
rāvējslēdzējs

шлем
....
ķivere

падцяжкі
....
bikšturi

школьная форма
....
skolas forma

уніформа
....
uniforma

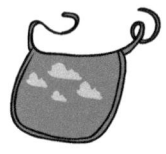

нагруднік

priekšautiņš

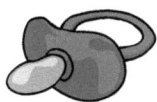

пустышка

māneklis

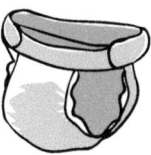

падгузнік

autiņbiksītes

офіс

birojs

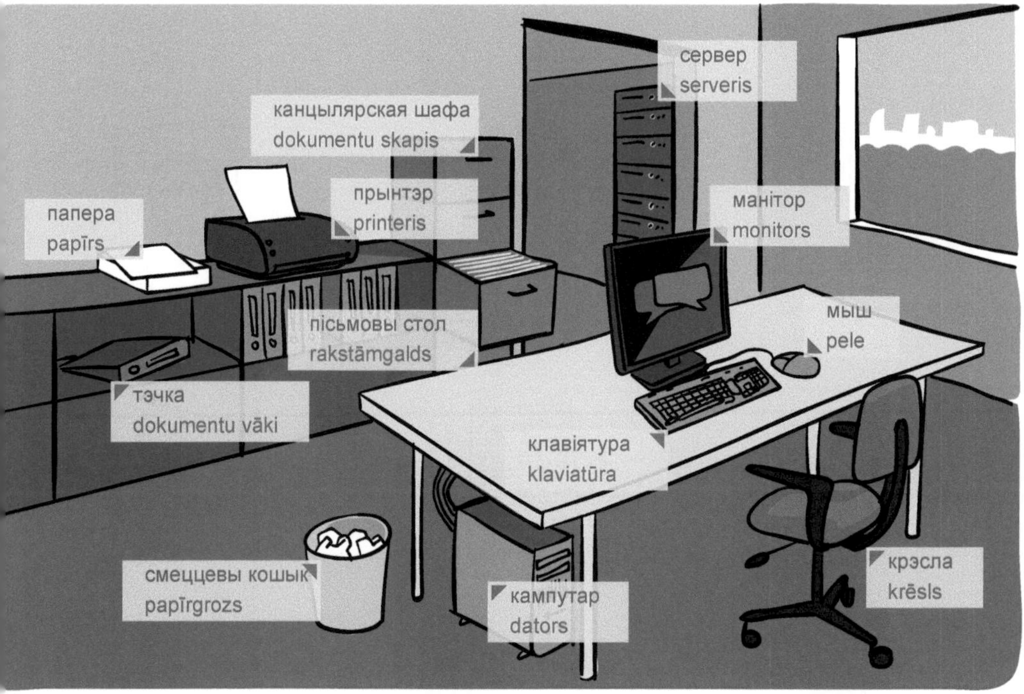

сервер
serveris
канцылярская шафа
dokumentu skapis
прынтэр
printeris
папера
papīrs
манітор
monitors
мыш
pele
пісьмовы стол
rakstāmgalds
тэчка
dokumentu vāki
клавіятура
klaviatūra
крэсла
krēsls
смеццевы кошык
papīrgrozs
кампутар
dators

убак для кавы (філіжанка)

kafijas krūze

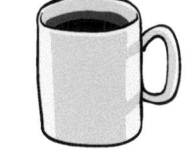

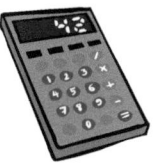

калькулятар

kalkulators

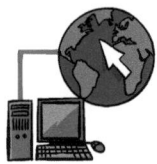

інтэрнэт

internets

ноўтбук

portatīvais dators

ліст

vēstule

паведамленне

ziņa

мабільны тэлефон

mobilais tālrunis

сетка

tīkls

ксеракс

kopētājs

праграмнае забеспячэнне

programmatūra

тэлефон

telefons

разетка

rozete

факс

faksa aparāts

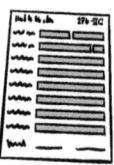

фармуляр

formulārs

дакумент

dokuments

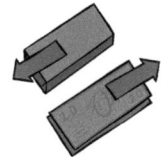

купляць

pirkt

плаціць

samaksāt

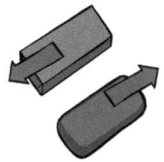

гандляваць

tirgot

грошы

nauda

долар

dolārs

еўра

eiro

ена

jēna

рубель

rublis

франк

franks

кітайскі юань

juaṇa renminbi

рупія

rūpija

банкамат

baṇkomāts

абменны пункт

valūtas maiņas punkts

золата

zelts

срэбра

sudrabs

нафта

nafta

энергія

enerģija

цана

cena

кантракт

līgums

падатак

nodoklis

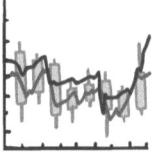

акцыя

akcija

працаваць

strādāt

служачы

darbinieks

працадаўца

darba devējs

фабрыка

fabrika

крама

veikals

прафесіі
profesijas

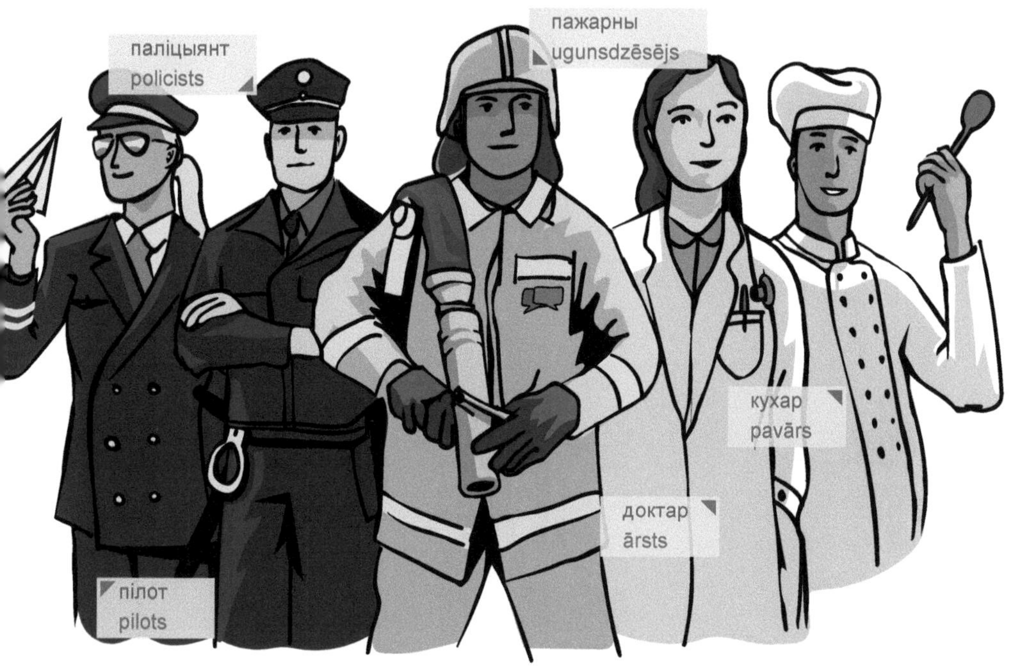

паліцыянт
policists
пажарны
ugunsdzēsējs
кухар
pavārs
доктар
ārsts
пілот
pilots

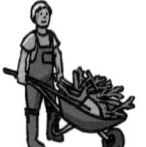

садоўнік
dārznieks

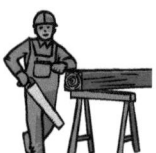

слесар
galdnieks

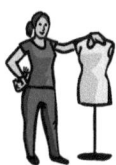

швачка
šuvēja

суддзя
tiesnesis

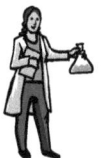

хімік
ķīmiķis

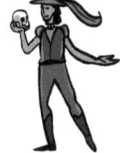

артыст
aktieris

кіроўца аўтобуса

autobusa vadītājs

таксіст

taksometra vadītājs

рыбак

zvejnieks

прыбіральшчыца

apkopēja

страхар

jumiķis

афіцыянт

viesmīlis

паляўнічы

mednieks

мастак

gleznotājs

пекар

maiznieks

электрык

elektriķis

будаўнік

celtnieks

інжынер

inženieris

мяснік

miesnieks

сантэхнік

skārdnieks

паштальён

pastnieks

салдат
karavīrs

архітэктар
arhitekts

касір
kasieris

фларыст
florists

цырульнік
frizieris

кандуктар
konduktors

механік
mehāniķis

капітан
kapteinis

стаматолаг
zobārsts

вучоны
zinātnieks

рабін
rabīns

імам
imāms

манах
mūks

святар
mācītājs

інструменты
instrumenti

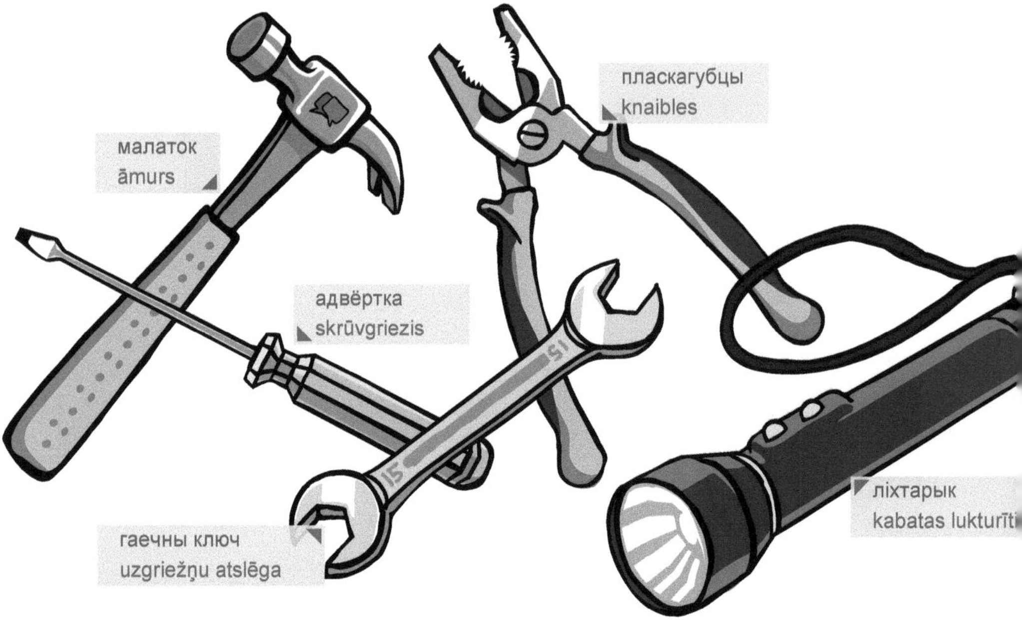
пласкагубцы
knaibles
малаток
āmurs
адвёртка
skrūvgriezis
ліхтарык
kabatas lukturīti
гаечны ключ
uzgriežņu atslēga

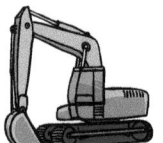

экскаватар

ekskavators

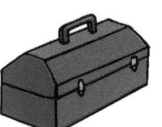

скрыня для інструментаў

instrumentu kaste

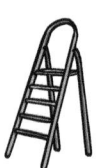

дравіны

kāpnes

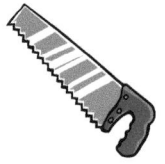

піла

zāģis

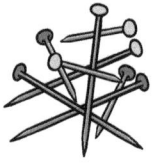

цвікі

naglas

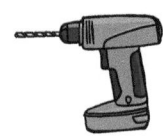

дрыль

urbis

рамантаваць

remontēt

рыдлеўка

lāpsta

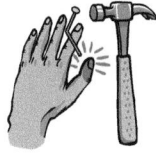

Халера!

Velns!

шуфлік для смецця

liekšķere

вядро з фарбаю

krāsas bundža

балты

skrūves

музычныя інструменты
mūzikas instrumenti

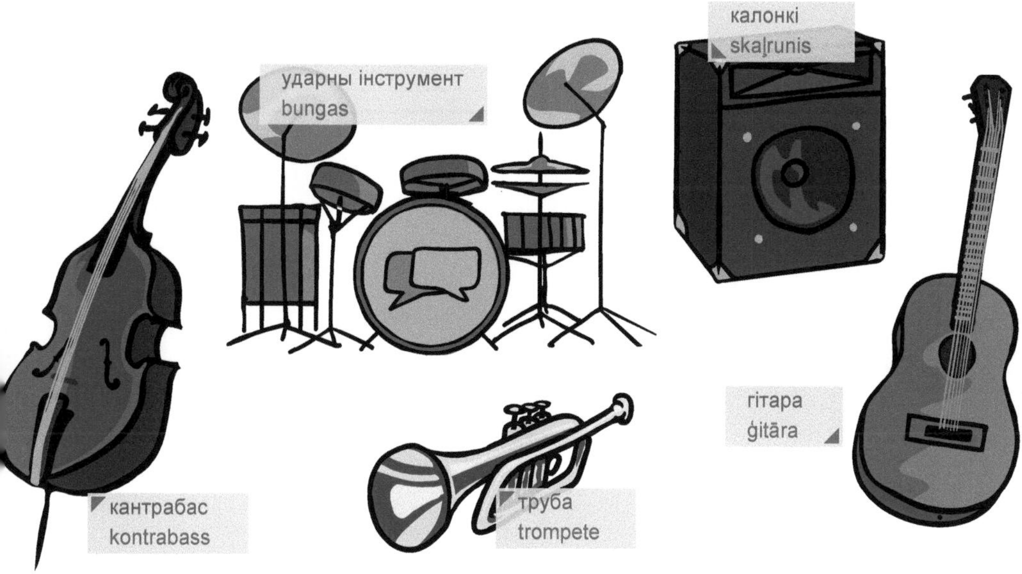

ударны інструмент
bungas

калонкі
skaļrunis

гітара
ģitāra

кантрабас
kontrabass

труба
trompete

піяніна

klavieres

скрыпка

vijole

басгітара

bass

літаўры

timpāni

барабан

bungas

клавішны электрамузычны інструмент

digitālās klavieres

саксафон

saksofons

флейта

flauta

мікрафон

mikrofons

заапарк
zooloģiskais dārzs

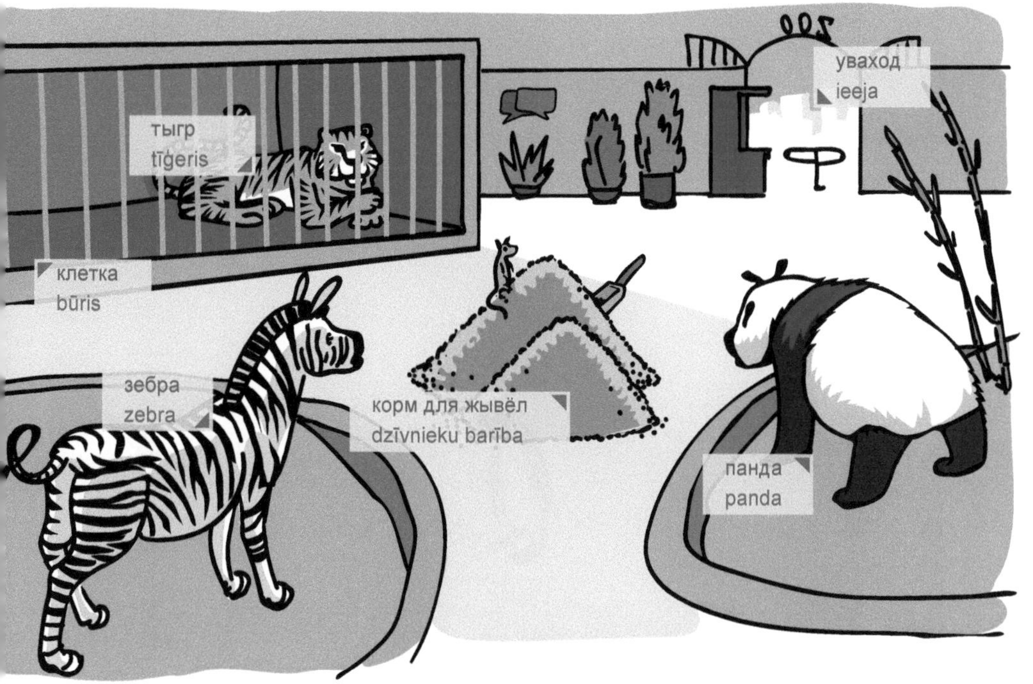
уваход
ieeja
тыгр
tīģeris
клетка
būris
зебра
zebra
корм для жывёл
dzīvnieku barība
панда
panda

жывёлы
dzīvnieki

слон
zilonis

кенгуру
ķengurs

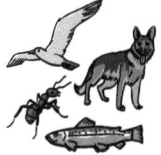

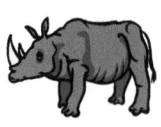

насарог
degunradzis

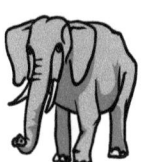

гарыла
gorilla

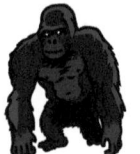

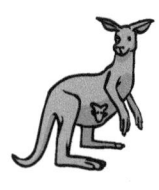

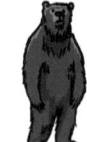

мядзведзь
lācis

вярблюд

kamielis

стравус

strauss

леў

lauva

малпа

pērtiķis

фламінга

flamings

папугай

papagailis

белы мядзведзь

polārlācis

пінгвін

pingvīns

акула

haizivs

паўлін

pāvs

змяя

čūska

кракадзіл

krokodils

наглядчык заапарка

zoodārza sargs

цюлень

ronis

ягуар

jaguārs

поні
ponijs

леапард
leopards

бегемот
nīlzirgs

жыраф
žirafe

арол
ērglis

дзік
meža cūka

рыбак
zivs

чарапаха
bruņurupucis

морж
valzirgs

ліса
lapsa

газель
gazele

амерыканскі футбол
amerikāņu futbols

веласпорт
riteņbraukšana

тэніс
teniss

баскетбол
basketbols

плаванне
peldēšana

бокс
bokss

хакей з шайбай
hokejs

футбол
futbols

бадмінтон
badmintons

лёгкая атлетыка
vieglatlētika

гандбол
rokas bumba

горныя лыжы
slēpošana

пола
polo

дзейнасць
darbības

смяяцца
smieties
скакаць
lēkt
абдымаць
apskaut
ісці
iet
спяваць
dziedāt
марыць
sapņot
маліцца
lūgt
цалаваць
skūpstīt

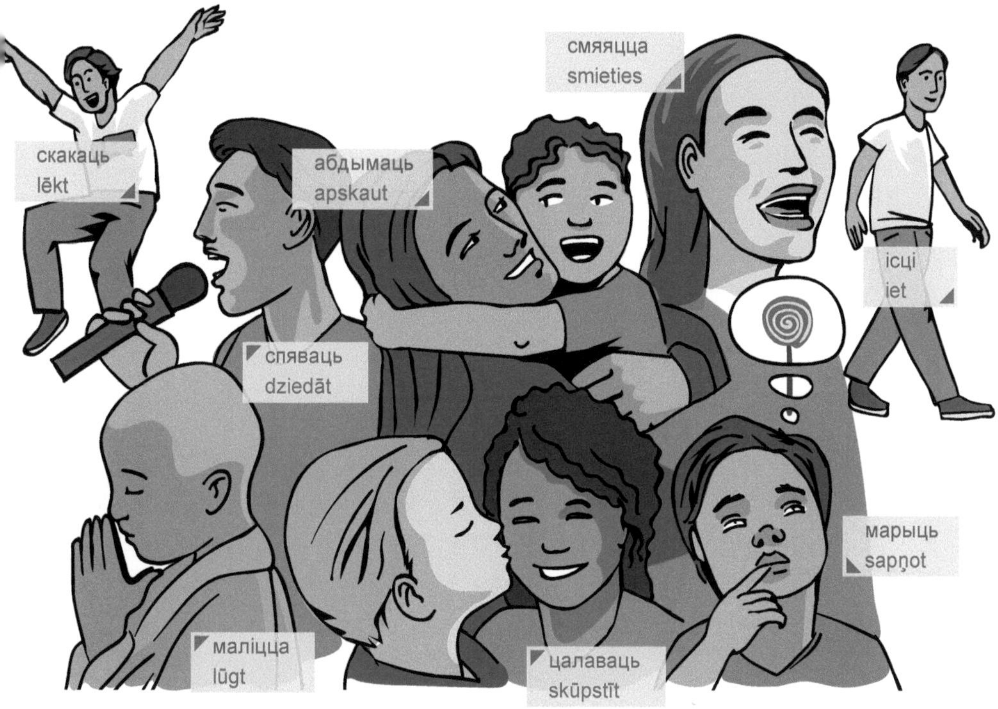

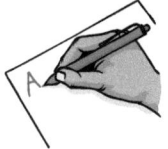

пісаць

rakstīt

маляваць

zīmēt

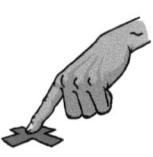

паказваць

rādīt

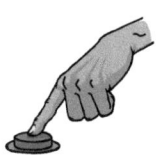

націснуць

spiest

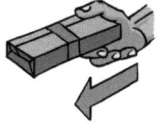

даваць

dot

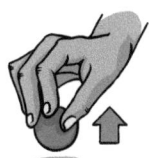

браць

ņemt

маць
būt

выконваць
darīt

быць
būt

стаяць
stāvēt

бегчы
skriet

цягнуць
vilkt

кідаць
mest

падаць
krist

ляжаць
gulēt

чакаць
gaidīt

насіць
nest

сядзець
sēdēt

апранацца
uzģērbt

спаць
gulēt

прачынацца
pamosties

глядзець

skatīties

плакаць

raudāt

лашчыць

glāstīt

прычэсвацца

ķemmēt

гаварыць

runāt

разумець

saprast

пытаць

jautāt

чуць

dzirdēt

піць

dzert

есці

ēst

прыбіраць

sakārtot

кахаць

mīlēt

гатаваць

vārīt

ехаць

braukt

лятаць

lidot

плаваць пад ветразем

burot

лічыць

rēķināt

чытаць

lasīt

вучыць

mācīties

працаваць

strādāt

уступаць у шлюб

precēties

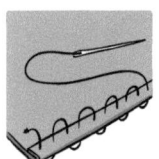

шыць

šūt

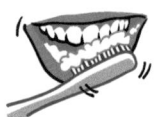

чысціць зубы

tīrīt zobus

забіваць

nogalināt

курыць

smēķēt

пасылаць

sūtīt

сям'я

ģimene

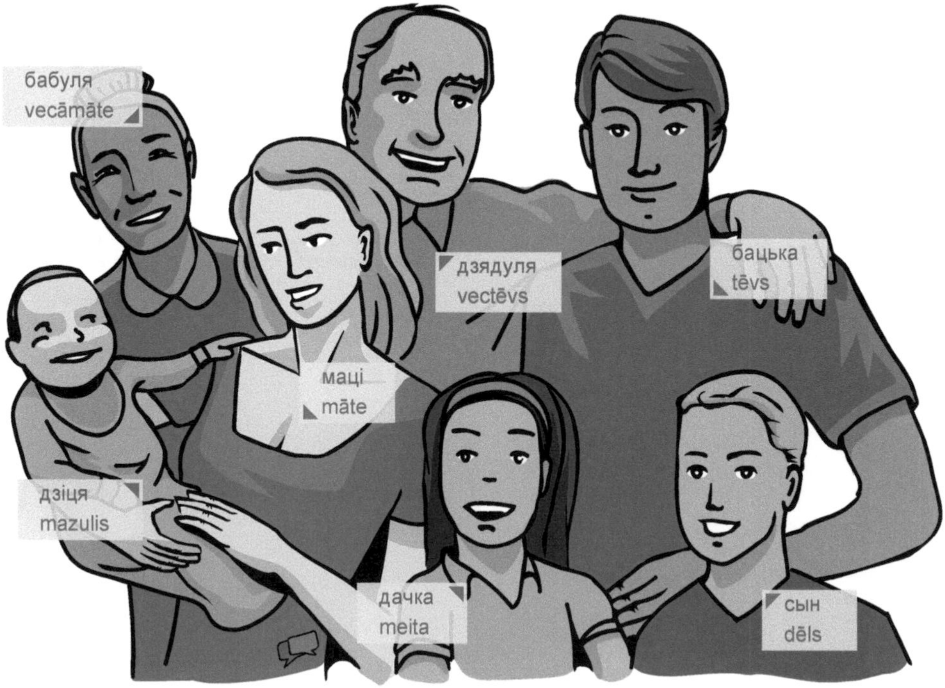

бабуля
vecāmāte
дзядуля
vectēvs
бацька
tēvs
маці
māte
дзіця
mazulis
дачка
meita
сын
dēls

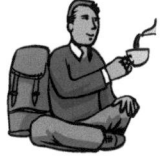

госць

viesis

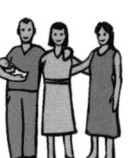

цётка

tante

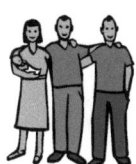

дзядзька

onkulis

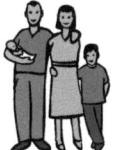

брат

brālis

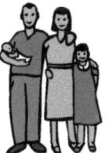

сястра

māsa

цела

ķermenis

лоб
piere
вока
acs
плячо
plecs
палец
pirksts
твар
seja
падбародак
zods
рука
roka
грудзі
krūtis
нага
kāja
рука
roka

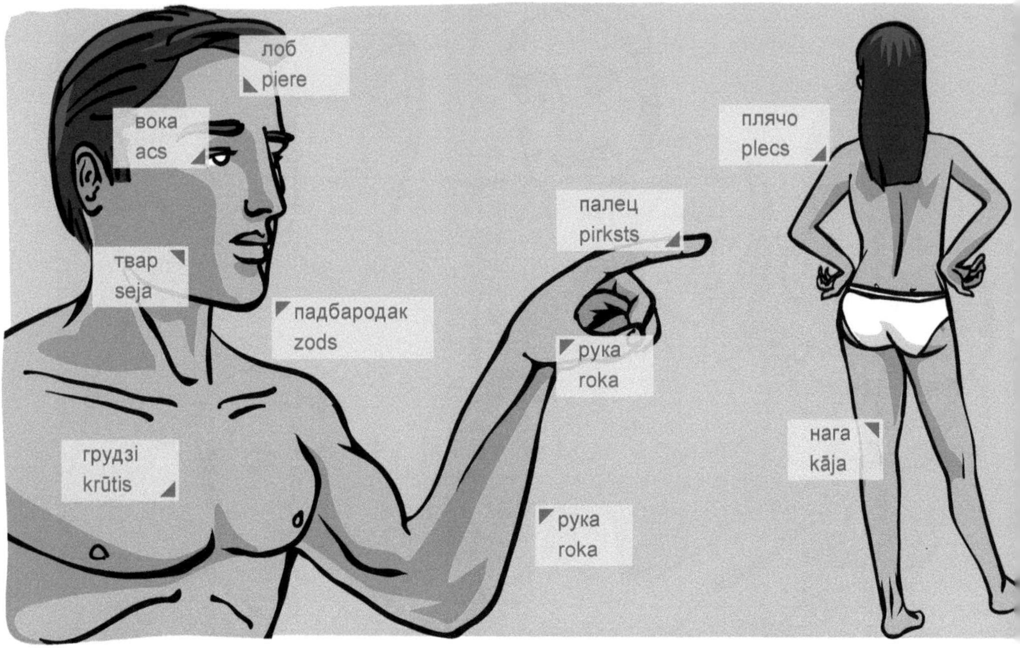

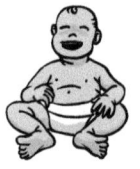

дзіця
mazulis

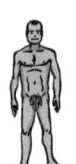

мужчына
vīrietis

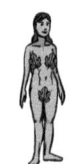

жанчына
sieviete

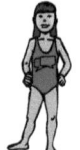

дзяўчынка
meitene

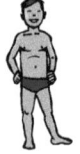

хлопчык
zēns

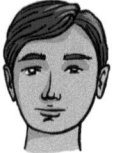

галава
galva

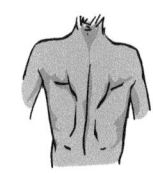

спіна

mugura

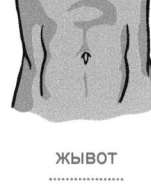

жывот

vēders

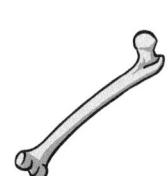

пуп

naba

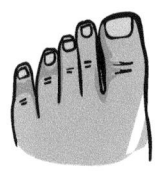

палец нагі

kājas pirksts

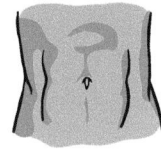

пятка

papēdis

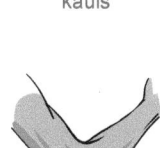

костка

kauls

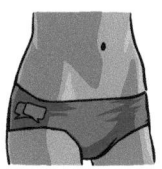

бядро

gurns

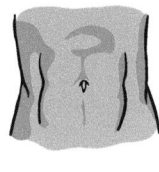

калена

celis

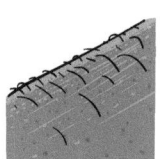

локаць

elkonis

нос

deguns

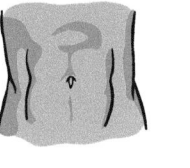

ягадзіца

dibens

скура

āda

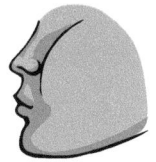

шчака

vaigs

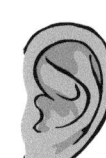

вуха

auss

губа

lūpa

рот

mute

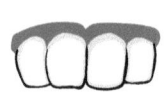

зуб

zobs

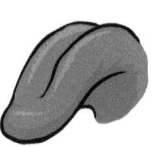

язык

mēle

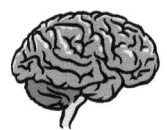

галаўны мозг

smadzenes

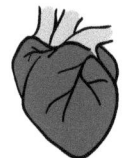

сэрца

sirds

мышца

muskulis

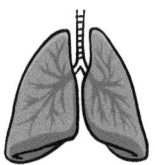

лёгкае

plaušas

пячонка

aknas

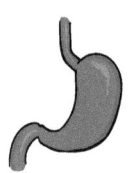

страўнік

kuņģis

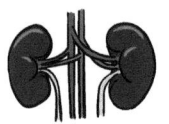

ныркі

nieres

сэкс

dzimumakts

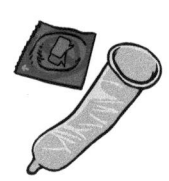

прэзерватыў

kondoms

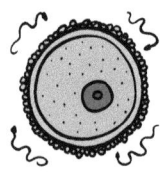

яйцаклетка

olšūna

сперма

sperma

цяжарнасць

grūtniecība

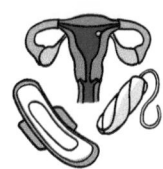

менструацыя

menstruācijas

похва

vagīna

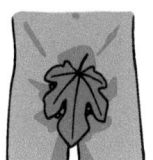

пеніс

penis

брыво

uzacs

валасы

mati

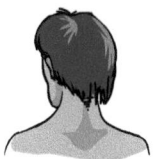

шыя

kakls

шпіталь

slimnīca

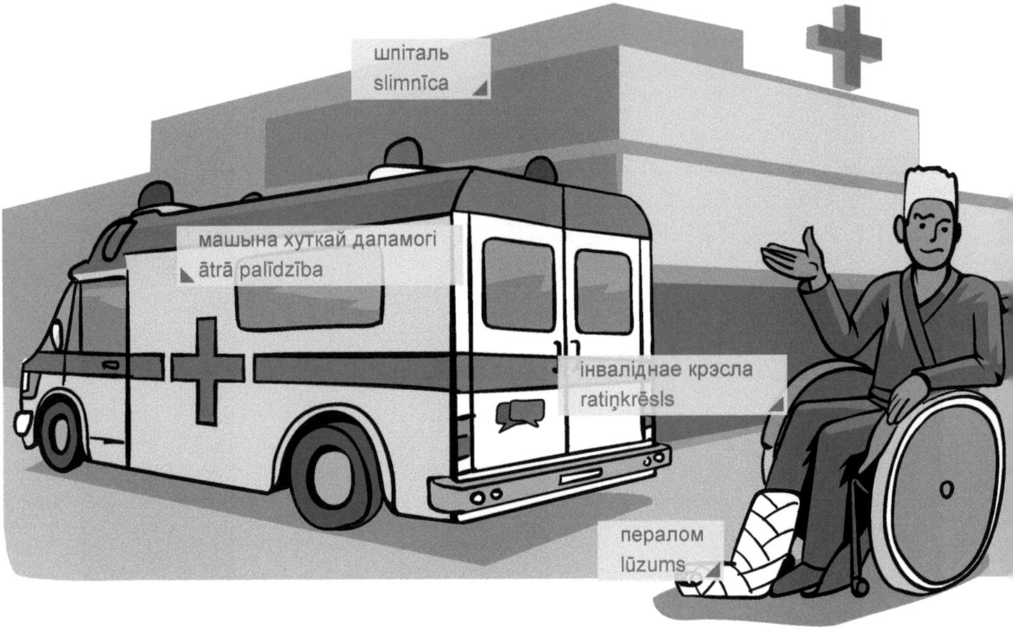

шпіталь
slimnīca
машына хуткай дапамогі
ātrā palīdzība
інваліднае крэсла
ratiņkrēsls
пералом
lūzums

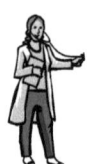

доктар

ārsts

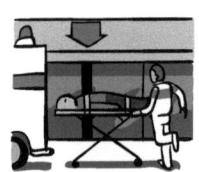

аддзяленне першай дапамогі

neatliekamās palīdzības nodaļa

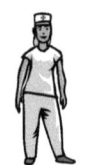

медсястра

medmāsa

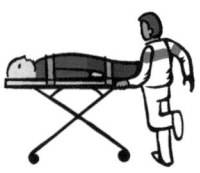

экстраная дапамога

ārkārtas gadījums

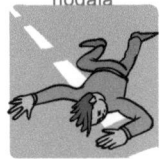

непрытомны

paģībis

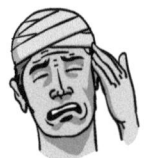

боль

sāpes

траўма
ievainojums

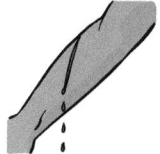

крывацёк
asiņošana

інфаркт
sirdslēkme

апаплексія
insults

алергія
alerģija

кашаль
klepus

гарачка
temperatūra

грып
gripa

панос
caureja

галаўны боль
galvassāpes

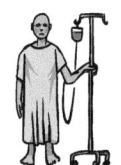

рак
vēzis

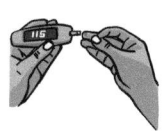

дыябет
diabēts

хірург
ķirurgs

скальпель
skalpelis

аперацыя
operācija

КТ

datortomogrāfija

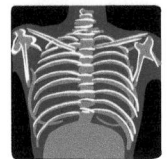

рэнтген

rentgents

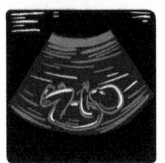

ультрагук

ultraskaņa

маска

sejas maska

хвароба

slimība

пачакальня

uzgaidāmā telpa

мыліца

kruķis

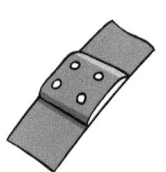

пластыр

plāksteris

бінт

apsējs

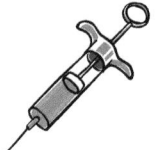

ін'екцыя

injekcija

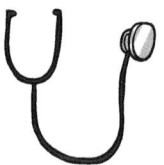

стэтаскоп

stetoskops

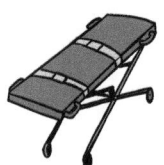

насілкі

nestuves

градуснік

termometrs

нараджэнне

dzemdības

лішняя вага

liekais svars

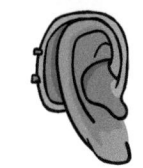

слухавы апарат

dzirdes aparāts

дэзінфекцыйны сродак

dezinfekcijas līdzeklis

інфекцыя

infekcija

вірус

vīruss

ВІЧ/СНІД

HIV / AIDS

лекі

zāles

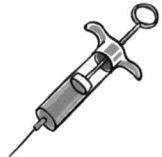

прышчэпка

pote

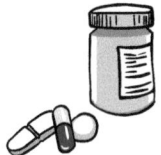

таблеткі

tabletes

супрацьзачаткавая таблетка

pretapaugļošanās tablete

экстраны выклік

ārkārtas izsaukums

танометр

asinsspiediena mērītājs

хворы / здаровы

slims / vesels

Ратуйце!

Palīgā!

сігналізацыя

trauksme

напад

uzbrukums

атака

uzbrukums

небяспека

bīstamība

аварыйны выхад

avārijas izeja

Пажар!

Uguns!

вогнетушыцель

ugunsdzēšamais aparāts

аварыя

negadījums

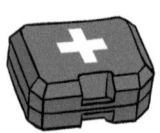

аптэчка

pirmās palīdzības aptieciņa

СОС

SOS

паліцыя

policija

Еўропа

Eiropa

Паўночная Амерыка

Ziemeļamerika

Паўднёвая Амерыка

Dienvidamerika

Афрыка

Āfrika

Азія

Āzija

Аўстралія

Austrālija

Атлантычны акіян

Atlantijas okeāns

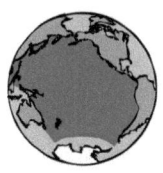

Ціхі акіян

Klusais okeāns

Індыйскі акіян

Indijas okeāns

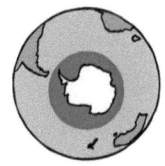

Паўднёвы ледавіты акіян

Dienvidu okeāns

Паўночны ледавіты акіян

Ziemeļu ledus okeāns

Паўночны полюс

Ziemeļpols

Паўднёвы полюс

Dienvidpols

Антарктыда

Antarktika

Зямля

zeme

краіна

zeme

мора

jūra

востраў

sala

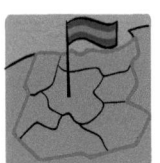

нацыя

nācija

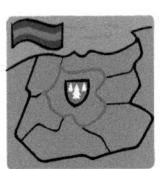

дзяржава

valsts

цыферблат

ciparnīca

гадзінная стрэлка

stundu rādītājs

хвілінная стрэлка

minūšu rādītājs

секундная стрэлка

sekunžu rādītājs

Колькі часу?

Cik ir pulkstenis?

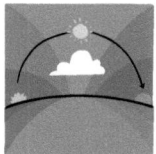

дзень

diena

час

laiks

зараз

tagad

электронны гадзіннік

digitālais pulkstenis

хвіліна

minūte

гадзіна

stunda

тыдзень
nedēļa

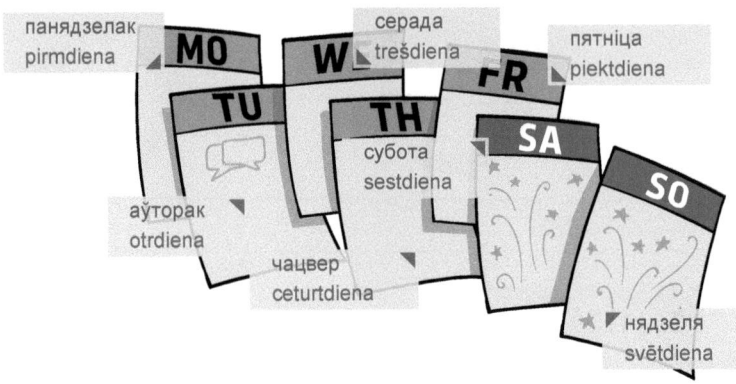

панядзелак
pirmdiena

серада
trešdiena

пятніца
piektdiena

аўторак
otrdiena

субота
sestdiena

чацвер
ceturtdiena

нядзеля
svētdiena

ўчора

vakardien

сёння

šodien

заўтра

rītdien

раніца

rīts

абед

pusdienlaiks

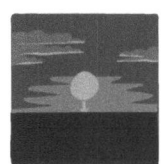

вечар

vakars

MO	TU	WE	TH	FR	SA	SU
1	2	3	4	5	6	7
8	9	10	11	12	13	14
15	16	17	18	19	20	21
22	23	24	25	26	27	28
29	30	31	1	2	3	4

працоўныя дні

darbadienas

MO	TU	WE	TH	FR	SA	SU
1	2	3	4	5	6	7
8	9	10	11	12	13	14
15	16	17	18	19	20	21
22	23	24	25	26	27	28
29	30	31	1	2	3	4

выхадныя

brīvdienas

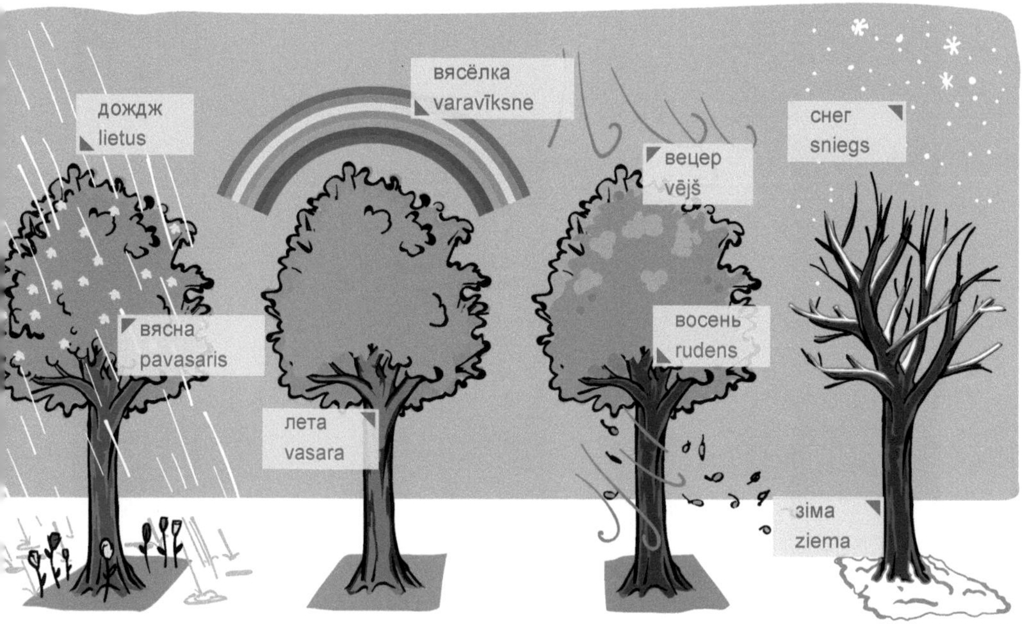

дождж
lietus
вясёлка
varavīksne
вецер
vējš
снег
sniegs
вясна
pavasaris
лета
vasara
восень
rudens
зіма
ziema

4.APRIL 11°
5.APRIL 4°
6.APRIL 13°
7.APRIL 8°
8.APRIL 10°

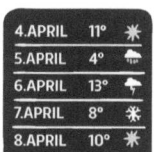

прагноз надвор'я

laika prognoze

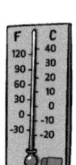

градуснік

termometrs

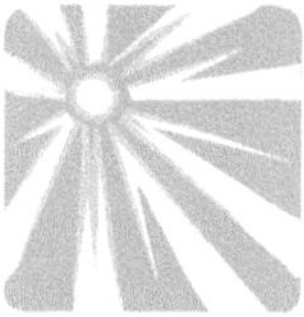

сонечнае святло

saules gaisma

воблака

mākonis

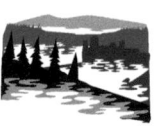

туман

migla

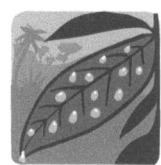

вільготнасць паветра

gaisa mitrums

маланка

zibens

гром

pērkons

бура

vētra

град

krusa

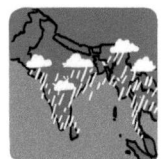

мусонны вецер

musons

прыліў

plūdi

лёд

ledus

студзень

janvāris

люты

februāris

сакавік

marts

красавік

aprīlis

май

maijs

чэрвень

jūnijs

ліпень

jūlijs

жнівень

augusts

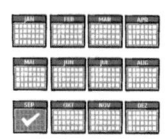

верасень
....
septembris

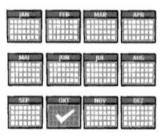

кастрычнік
....
oktobris

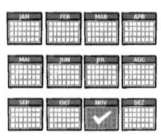

лістапад
....
novembris

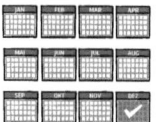

снежань
....
decembris

формы
formas

formas

круг
....
aplis

квадрат
....
kvadrāts

прамавугольнік
....
četrstūris

трохвугольнік
....
trīsstūris

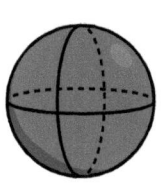

шар
....
lode

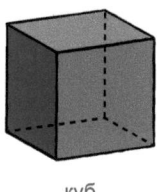

куб
....
kubs

белы

balts

жоўты

dzeltens

аранжавы

oranžs

ружовы

sārts

чырвоны

sarkans

фіялетавы

lillā

сіні

zils

зялёны

zaļš

карычневы

brūns

шэры

pelēks

чорны

melns

шмат / мала

daudz / maz

злы / добры

saniknots / miermīlīgs

прыгожы / брыдкі

skaists / neglīts

пачатак / канец

sākums / beigas

высокі / малы

liels / mazs

светлы / цёмны

gaišs / tumšs

сястра / брат

brālis / māsa

чысты / брудны

tīrs / netīrs

поўны / няпоўны

pilnīgs / nepilnīgs

дзень / ноч

diena / nakts

мёртвы / жывы

miris / dzīvs

шырокі / вузкі

plats / šaurs

ядомы / неядомы

baudāms / nebaudāms

злы / добры

nikns / laipns

узбуджаны / нудны

satraukts / garlaikots

тоўсты / тонкі

resns / tievs

першы / апошні

pirmais /pēdējais

сябар / вораг

draugs / ienaidnieks

поўны / пусты

pilns / tukšs

цвёрды / мяккі

ciets / mīksts

важкі / лёгкі

smags / viegls

голад / смага

izsalkums / slāpes

хворы / здаровы

slims / vesels

нелегальны / легальны

nelegāls / legāls

разумны / дурны

inteliģents / dumjš

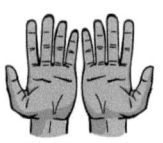

левы / правы

kreisais / labais

побач / далёка

tuvu / tālu

овы / былы ва ўжыванні

jauns / lietots

нічога / нешта

nekas / kaut kas

стары / малады

vecs / jauns

укл / выкл

ieslēgts / izslēgts

адчынены / зачынены

atvērts / slēgts

ціхі / гучны

kluss / skaļš

багаты / бедны

bagāts / nabags

правільна / няправільна

pareizi / nepareizi

шурпаты / гладкі

raupjš / gluds

сумны / шчаслівы

noskumis / laimīgs

кароткі / доўгі

īss / garš

павольны / хуткі

lēns / ātrs

вільготны / сухі

slapjš / sauss

цёплы / халаднаваты

silts / vēss

вайна / мір

karš / miers

0

нуль

nulle

1

адзін

viens

2

два

divi

3

тры

trīs

4

чатыры

četri

5

пяць

pieci

6

шэсць

seši

7

сем

septiņi

8

восем

astoņi

9

дзевяць

deviņi

10

дзесяць

desmit

11

адзінаццаць

vienpadsmit

12

дванаццаць
divpadsmit

13

трынаццаць
trīspadsmit

14

чатырнаццаць
četrpadsmit

15

пятнаццаць
piecpadsmit

16

шаснаццаць
sešpadsmit

17

сямнаццаць
septiņpadsmit

18

васямнаццаць
astoņpadsmit

19

дзевятнаццаць
deviņpadsmit

20

дваццаць
divdesmit

100

сто
simts

1.000

тысяча
tūkstotis

1.000.000

мільён
miljons

англійская

anglu

англійская (Амерыка)

amerikāņu anglu

кітайская мандарынская

ķīniešu mandarīnu valoda

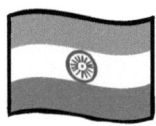

хіндзі

hindi

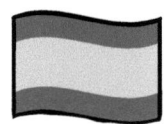

іспанская

spāņu

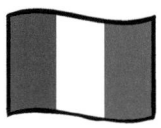

французская

franču

арабская

arābu

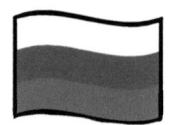

руская

krievu

партугальская

portugāļu

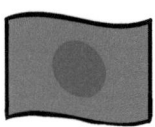

бенгальская

bengāļu

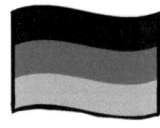

нямецкая

vācu

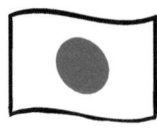

японская

japāņu

я
es

ты
tu

ён / яна / яно
viņš / viņa

мы
mēs

вы
jūs

яны
viņi / viņas

хто?
kas?

што?
ko?

як?
kā?

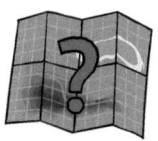

дзе?
kur?

калі?
kad?

імя
vārds

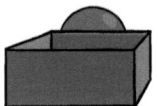

за
....
aiz

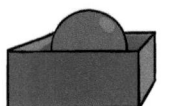

у
....
iekšā

перад
....
priekšā

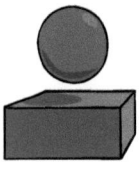

над
....
virs

на
....
uz

пад
....
zem

каля
....
blakus

паміж
....
starp

месца
....
vieta